www.ingramcontent.com/pod-product-compliance
Lightning Source LLC
Chambersburg PA
CBHW051351280526
45784CB00007B/2907
* 9 7 8 1 0 8 9 0 9 1 2 6 4 *